경남대표시인선
38

바람의 기억

이광석 시집

돌샘 경남

이광석
Lee Gwang-Seok

이제하 作

외로움 혹은 그리움

이 광 선

갈대는 외로움이란 말 함부로 쓰지 않는다
둔탄 끝자락을 머리맡에 둔 강물도
그리움이란 말은 아낀다
바람이 밤새 달려와 흔들어도
갈대는 외롭고
바다가 바로 눈 앞인데도
강물은 그리움은 못 버린다
삶 자체가 외로움이오
그리움인 것은
사람들만 모른다

시인의 독백

    나이가 좀 깊었다고 그냥 세월의 밥상이 되는 게 싫어 원고지 앞에 마주 앉았다. 망설임도 없지 않았으나 주변 문인 지인들의 배려와 성원이 나를 다잡아 주었다. 늘그막에 문학적 회춘의 기회를 얻은 셈이라 할까. 막상 목영의 붓끝에서 시詩라는 이름으로 생명을 얻은 작품들 면면을 볼 때 미안한 생각이 먼저 들었다.

    아무리 너희들 몸에 고운 언어의 옷을 입혀도 내 눈에는 내 시의 민낯을 보는 것 같아 부끄럽구나. 어쩌면 그게 내 시의 한계인지도 모른다. 그러나 목영의 시여! 너는 내게 한때는 뜨거운 사랑이었고 가슴 아린 그리움이었으며 푸른 바람이었음을 나는 안다. 이제 다시 내 시의 한 가족이 된 너희들 중 단 한 편이라도 독자 곁으로 다가가 저들의 아픔을 치유할 위무가 되고 꿈과 희망의 작은 반려가 될 수 있다면 무엇을 더 바라리. 더불어 겸허히 스스로를 더 낮추고 항상 성찰하는 시인으로 남고 싶다.

2020년 이광서

차례

시인의 독백   5

제1부

고사목	12
조간의 식탁	13
수련 눈뜰 때	14
길 위에서 만난 작은 행복	15
갈대	16
간이역	17
달이 기우는 뜻은	18
시 치유론	19
날 저문 산행	20
어머니의 호롱불	21
바람의 기억	22
어머니표 '한글 첫걸음'	23
시는 없다	24
장미를 엿보다	25
알레르기	26
통증	27

금연구역	28
월하月下 생가 시 낭송	29
미더덕, 맛깔스런 한 점의 유혹	30
봄날은 간다	31

제2부

낙타의 변辯	34
미라 앞에서	35
다솔사를 짓다	36
60년대의 알바	37
꽃은 술이다	38
붕어빵	39
기다림의 추억	40
누군가의 기척 소리	41
초탈	42
흑백사진첩·1	43
흑백사진첩·2	44
등꽃 술꽃에 관한 추억	45
어떤 갈증	46

풀잎의 눈물	47
내일은 귀향하리	48
군산 기억 한 점	49
세월과의 불화	50
내 유년 시절 스승님 세 분	51
낭만사전	52
초록 악보	53

제3부

무심결에	56
무능	57
가훈	58
마음 엿보기	59
의자가 떠난 자리	60
바다와 피아노	61
선한 생각 만들기	62
내 고향 자굴산	63
여행	64
봄 택배	65

어떤 고백	66
입춘 기별	67
감나무들의 가을 나들이	68
낮달	69
산사에서의 하룻밤	70
부실공사	71
내 젊은 날의 자전거	72
일몰	73
바다에서 건진 편지	74
백자	76

제4부

인연이라는 끈	78
무료無聊 허물기	79
빈 의자	80
가을 틈새	81
시의 퇴근길	82
천도복숭	83
골목	84

어떤 전설	85
저 별	86
창동별곡	87
봄 다음	88
백내장 수술	89
조개 이야기	90
생로병사	91
김장의 내력	92
습작 노트	93
보이는 것 보는 것	94
나무는 시인이다	95
외로움 혹은 그리움	96
특별한 순간	97
반딧불이	98
바다 이야기	99
돌, 너는 나의 꽃이다	100
가을걷이 들판 앞에서	101

■ 평설

正見 그리고 放下 - 목영 이광석의 시 세계　　102
尹在根(문학평론가·한양대 명예교수)

제1부

고사목

　지리산에는 주민등록증이 없는 나무들의 마을이 있다 성씨도 나이도 모르는 고사목들이 모여 산다 봄이 와도 새순 하나 못 틔우고 계절이 바뀌어도 새 한 마리 앉지 않는 불임의 세월과도 시비 하나 없이 편안히 살아간다 천왕봉 달빛 잠시 쉬어가는 외로운 의자 같은 나무, 칠선 계곡 깊은 적막 예까지 밀고 와 노고단 하산길 재촉하는 늙은 할아버지들 땀방울 소리 없이 빛난다 뿌리 내려 살아온 백 년, 벌거숭이로 살아갈 또 다른 백 년을 예약하는 천년 푸른 저 고사목들의 울음을 보라 발신인도 없는 우표를 마디마디 가지마다 잔뜩 매달고 장터목 칼바람 혼자 받아 봄편지 택배길 멈춘 저 늙은 집배원. 아, 텅 빈 하늘로 눈먼 세월 다 보내고 이제는 입고 벗고를 초월한 탁발승이 되었네

조간의 식탁

집어등이 꺼진 바다
새벽 선잠이 팔딱인다
짙은 농무를 밀고 달려온 파도 자락
젖은 조간 몇 장 던지고 간다
저 멀리 꿈결 밖 함께 뒤척이던
어선 뱃머리
밤새 바람 날에 문초당한 뱃전에도
해탈의 감빛 같은 새벽이 닻을 내린다
오래된 방황, 더 누구를 기다릴 것인가
새벽 바다에 묻는다
어젯밤 별들이 찍고 간 스마트폰에
하루 몫의 사건들이 얼마나 뜰까
세상의 모든 소문이 민얼굴이 되는
조간의 식탁, 물오징어 한 점에도
입맛 못 찾는 젓가락들
종편 TV 단막극 같은 타인들의 밥상
우리가 찾는 삶의 푸른 입질은
어느 손끝에서 만날까

수련 눈뜰 때

밤새 누군가를 그리워하다
눈가에 졸음증을 푸는 수련
동녘 하늘 슬며시 다가와 말문을 열면
너는 금방 수줍어 얼굴을 가린다
평생 해맑은 웃음꽃 한 송이 피우기 위해
겨우내 몸살 앓는 진흙 속 푸른 멀미
단 한마디 소리 하지 않고
안으로만 몰래 품은
저 오롯한 사랑의 말씀
침묵보다 더 깊으리

길 위에서 만난 작은 행복

하루 1천 6백억 벌어도 미래가 안 보인다는 재벌
높이 1백 23층 롯데월드타워에 서면 뭐라고 할까
더 나아갈 길이 없다는 것은 길이 멈추었기 때문이다
길 앞에 끝이 있다면 길은 존재하지 않는다
가을이 가슴을 열고 사색의 길을 넓힌다
낙엽으로 내려갈 길 하나 내기 위해 단풍이
왜 저리도 가슴 아픈 사랑을 택했는지
침묵은 답을 주지 않는다
세상의 깨달음으로 나아갈 하산길 하나 못 찾고
고뇌와 마주 앉은 저 돌부처는 언제 해탈할까
갈치 몇 토막 햇밤 몇 알 만지작거리는
시골 파장 할머니들 함지박 어찌 그냥 지나칠까
소리 없이 다가와 떨이를 청하는 늦가을 햇살
가족이라는, 기다림이라는 작은 행복의 길 비추어주네
오늘 밤 시골 고향 집 뜨락 유난히 밝겠다

갈 대

가을이 속 깊으면
갈대가 운다
올해는 그 울음소리가 작다
내년에는 그 작은 소리도 가물거릴 것이다
제 소리를 내고도
그 소리 못 알아듣는 갈대는
참으로 외로운 짐승이다

간이역

시간이 섰다
눈이 일 센티쯤 쌓였다
어느 낯선 철길을 달려온
하이얀 시간의 발소리
숨죽인 다람쥐 같은 달빛 사이로
너의 작은 어깨가 보였다
기다림이 멈춘
시골 간이역
KTX가 몰고 갔다

달이 기우는 뜻은

달은 제 자신이 기울고 있다는 것을 모른다
제 꽃 한 잎 잃고서야 현기증을 느끼는 우주처럼
내가 누군가를 흠모하는 침묵을 어찌 알까

기척 없이 나이 먹는 동구 밖 느티나무들도
이제 더 이상 늙으려 하지 않는데
상현달이 하현달과 자리를 바꾸는 사이
분분한 낙화 뜨락 가득 쌓이는 봄비 같은 여백
그 서늘한 절제가 이 밤 나를 적시는구나

시 치유론

시는 시가 낯선 사람에게 눈길을 줍니다
시가 먼 사람에게 가까이 다가와 손을
내미는 저녁 무렵이면
시는 그의 외로운 가슴을 찾아 가족이라는
이름의 이웃이 되어줍니다
거리에서 어시장에서 감나무밭 혹은
갈대가 지친 병사들처럼 누운
들판에서 산사 계곡에서
시는 언제나 또 다른 삶의 몸짓으로 어깨를 내줍니다
작은 한파에도 손발 시린 사람
하루하루 산다는 일 자체가 상처인
사람에게 시는 오늘도 치유의 꽃이며
사랑이란 것을 보여줍니다

날 저문 산행

날이 저물듯 내 산행길도 저문다
스스로 길 하나 열어놓고 앉은
저 산도 태어나면서 외톨이었다
쓸쓸하게 자라 쓸쓸하게 늙는다
아무리 덕천강이 맑게 유혹을 해도
추하게 늙는 산은 없다
날 저문 산길 오늘따라 일몰도 차다
달빛 고드름 한 조각 물고
제석봉 시린 발 내밀면
추위도 이정표도 덧없다
갈 길은 아득한데 눈 덮인 골짝마다
조난신호는 작동 중이다
누가 벌써 길을 놓쳤나
구조 손길을 기다리는 겨울 지리산

어머니의 호롱불

한겨울 밤이 더 따뜻했던
어머니의 호롱불
불꽃인 듯
그리움인 듯
창호지 문살마다 묻어나는
그 온기
어떤 모진 세월도 지울 수 없는
풀꽃 같은 어머니의 미소였습니다
어머니도 호롱불도 이미
옛날 생각이 된 지금
아무리 애써도 만져지지 않는
연꽃 진 빈 꽃대 하나
화음의 달빛으로 와 나를 반깁니다

바람의 기억

하루 종일 산에서 사는 바람을 보았다
한 생애를 바다에서만 거주하는 바람도 만났다
계곡 속 햇살과 물장구치는 놈
생각 깊은 겨울나무들 잔걱정 흔드는 놈
사람들 기척 소리도 멀리하면서
산문에 기대 사는 탁발승과도 인사를 나눴다
모처럼 겨울바다에 나왔다
세상의 온갖 바람들이 발목 잡힌 곳 여태껏 노숙할 자리 한 평 마련 못한
 저문 바다 옛 바람들이 가버린 먼 기억들을 불러 모으고 있었다
이제 겨우 커피 한 잔의 여유와 마주하면서도
60년대의 낡은 풍경화 같은 고집 하나로
모두가 떠난 그 빈 부두에 갯벌처럼 흔들리고 있는
누군가의 뒷모습을 보았다
아직도 끝나지 않은 거친 8부 능선
혼자서 가고 있는 그의 산행일지를 훔쳐보았다

어머니표 '한글 첫걸음'

의령 장날
한지 한 묶음 샀다
종이 뼛속 묻어나는 조선의 피와 살
아버지 징용 끌려가던 그날의 하늘처럼
푸른 분노가 정남나루 강물을 적셨다
광복 되던 해 호롱불 밑에서 배운
어머니표 '한글 첫걸음' 〈ㄱ ㄴ ㄷ ㄹ〉 〈가 나 다 라〉
'나의 살던 고향' '푸른 하늘 은하수'
악보 없이 따라 부를 수 있었던
그때의 추억
거두어 가신 어머니 생각 목마르다
내 삶의 거룩한 모음 '한글'
내 정신의 질그릇 '한민족'
아, 그리고 어머니가 또 다른
나의 큰 스승인 줄을
울 밑 나팔꽃 이슬방울 속에서 발견했다

시는 없다

작가가 꿈이라면서 시는 안 쓰고 산문에만
매달린다 어설픈 내 시 몇 줄보다 그의
짧은 수필이 더 빛난다
요즘 시·산문 가릴 게 없이 긴 것은 물이 빠져
감동의 지느러미가 낮다
세상은 단막극이다 하모니카 한 가락도
아파트 층간에는 시빗거리다
귀도 눈도 닫아버린 달팽이처럼 나도 폐광 같은 골방에
갇혀 산다
아, 맘놓고 소리쳐 불러 볼 너를 향한 그리움이여
수련 한 송이 마침내 눈 뜬 이 아침에도
세상은 덧없고 시는 외롭다

장미를 엿보다

손끝에서 피가 났다
가시보다 더 아픈 푸른 상처
잎잎이 열린 너의 고백을 보았다
장미 한 다발 사들고 낮달처럼 너의 문 앞에 섰다
그리움에 지쳐 족자로 내걸린 장밋빛 노을
몇 밤을 더 새면 그대 머리맡에 별빛으로 뜰까
나도 몰래 손끝에 아려오는 붉은 혈흔 한 점
묵언의 귀로 듣는 거친 숨결 익어 뜨겁다
사랑도 가시 찔린 장미였나

알레르기

안 보면 기침이 나고
못 보면 재채기가 나는 너
막상 보고 나면
신열부터 내리는
늦여름 비 갠 넌출 담장
밟고 선 나팔꽃 한 송이
아픈
이슬로
맺혔다

통증

한밤중 고개 내밀던
통증, 간호사가 놓아준
주사 한 대 맞고 멎었습니다
시간의 모서리마다 각을 세우던
푸른 상처들 하나 둘
땀 젖은 침대 밑으로 내려갔습니다
통증이 다시 일어선 새벽 병동
밤새 창문 틈에 매달린 어둠을 넘어
손을 흔들던 새벽 햇살 한 자락
무통주사처럼 내 시린 가슴에
시 한 줄 남깁니다

금연구역
― 천상병 시비 〈새〉를 세우며

운전석 차창을 열고 담뱃재를 턴다
저 친구 운전면허증은 가짜다 주민등록증은 위조다
산불조심 한가운데서 담배를 피워 문 저 친구는
완장을 잘 못 찬 산불 감시원이다
담배 한 대 물어야 시의 맥을 찾을 수 있다던
심온深蘊 천상병은 담배 대신
'새' 한 마리를 피워 물었다
오늘은 고향 바다 어디에도
담배 한 대의 여유는 없다
'남쪽바다 그 파란 물' 나들목까지
누구도 넘보지 못할 금연구역이다
천상병이 '금연' 티켓을 들고
어시장 방파제 앞에 서 있다
어둠에 취한 '새'의 몸짓으로
청정한 고향 바다를 날고 있다

월하月下 생가 시 낭송

생가 우물터 백 년생 감나무
아직은 덜 익은 풋고뇌 주렁주렁 달고
소사마을 아침 사립문 열고 있다
비 갠 먼 산 하산한 흰 구름인 듯
지난밤 떨어진 목련 한 송이에도
가슴 아파하던 맑은 영혼, 저 혼자 시린 무릎
성성한 백발로 먹을 갈고 있다
조금 전 지나간 잠자리비행기 소리
텅 빈 생가 지붕 위 덧없는 세월의 무게
내려놓고 가네
평생 아끼고 감추었던 천둥 번개
언제 시의 꽃으로 이 땅을 다시 밝힐까
오늘은 허리 굽은 바람 한 점
대나무숲을 흔들고 있다
새처럼, 낮달처럼.

미더덕, 맛깔스런 한 점의 유혹

새봄이 막 당도한 진동바다
갯바람 빗겨 앉은 부둣가
사월의 햇살 싱그러운 아낙네들 손끝에서
알찬 미더덕 물풍선을 분다
어느새 입안 가득 씹히는
오돌오돌 졸깃졸깃 향긋한 그 맛
마산 오미五味의 가장 고전적인 별미
오늘 우리는 너를 위해 쇠주 한잔 쏜다
불꽃 낙화 미더덕축제 한마당을 연다
마산사랑 미더덕사랑
하나 된 마산의 멋과 낭만을 본다
구수하고 순박한 토종인심 같은, 푸른 파도자락 같은
통통한 미더덕 오! 맛깔스런 한 점의 유혹

봄날은 간다

안민고개 벚꽃길이
하산 채비를 하는
어느 봄날 저녁
진해루 앞바다에
희디흰 눈발이 흩날렸습니다
술잔에 받아 마셨더니
벚꽃이었습니다
지는 꽃잎에 취해
한 잔의 외로움에 취해
봄날이 제 혼자 가고 있습니다

제2부

낙타의 변(辯)

눈물 한 방울이
세상의 아침을 밝히고
따뜻한 말 한마디가
세상의 거친 들녘을 평정하듯이
어둠에 밟힌 풀꽃 하나가
반딧불이로 피어나는 그런 세월이 그립다
내게 허용된 눈물의 잔고가 얼마나 될지
나의 안에 시의 꽃 같은 언어들이 얼마나
잠자고 있을지 나는 모른다
사람들아 너희는 이 사막 같은 세상에
눈물 한 방울 보낸 적 있니
온기가 그윽이 빛나는 더운 말 한마디
섞어 본 적이 있니
아무리 물어도 답을 못 내는
나는 이미 늙은 낙타다

미라 앞에서

나는 보았다
이집트 천 년의 잠을,
나는 만났다
눈물도 웃음도 모래알 같은 것이라고
산목숨으로 말하는
저들의 눈빛을,
이 세상의 어떤 달빛도 만들지 못할
이집트의 고요, 미라의 눈부신 옷을 보았다
저들은 알고 있을까
깊고 아득한 역사의 상처를 넘어
영겁의 환생길 시방도 적시고 있을
나일강의 아침 햇살을
생명의 탯줄 아직도 모질게 잡고 누운
천 년의 푸른 잠 깨어 있는 넋들의 숨결을.

다솔사를 짓다

봉명산 자락 따라 점 하나씩 밟고 당도한
다솔 소나무 숲길 숨차다
아, 영겁의 혼불로 살아 숨 쉬는
만해 선사 동리 '등신불' 옛 그늘
상기도 뜨겁고 푸르구나
내 땀 젖은 세상의 헛된 점 하나 끌고
새삼 예 와서 무슨 공양을 하리
목탁 소리 바람 소리 새소리
인적 발길도 잠시 멎은 오백 년 고찰
무욕의 작은 인연 하나씩 밟고
오롯이 하강한 적멸보궁 한 점

60년대의 알바

한끼의 가난은 구걸해도
한끼의 양식은 거절당했네
저녁 밥상 못 받은 겨울 썰물 바다 같은
불공정한 허기 때문에
여덟 식구 입 풀칠 경쟁도
동네 청문회 감이었네
전사통지서 없는 아버지 주검 앞에
밑머리 다 빠진 어머니 함지박 행상은
내 힘든 고3 시절을 알바 휴학으로 돌려세웠네
고무신 공장에서의 야근 1년,
미군 병참선 하역 작업 중 헌 군화
밑창에 숨겨 나온 쌀 한 줌, 그리고
밤새 씹어 삼킨 오징어 다리 냄새
때문에 부두 검문소 빠져나오기가
쉽지 않던
또 다른 노동의 현장도
내 젊은 날 거친 시의 바다였네

꽃은 술이다

햇빛만 보아도 얼굴 붉히는 꽃
봄 한철 내내 술빛으로 피는 꽃
음주운전도 아닌데 스르르 몸을 낮추며
술을 멀리하는 꽃도 있다
한 잔도 사양한 진달래는 이른 새벽부터
얼굴이 술빛이다
꽃잎 잎잎마다 술잔을 감춘
저 봄꽃들의 절제를 누가 알까
계절보다 먼저 가까이 다가와 기척하는
생명의 불꽃 그 꽃보다 진한 시의 꽃을 본다
봄날이 다 가고서야 봄꽃이 술이었던 것을
낙화는 안다

붕어빵

 나도 한때는 잘 나가던 월급쟁이였습니다 카드 한 장이면 모든 게 해결되었습니다 그런 어느 날 명퇴라는 백수 신세로 추락하고 가족들 눈치 보며 방황하다 고심 끝에 거리의 붕어빵 장수로 변신했습니다 그러나 아무리 구워도 내 붕어빵에는 희망이 전혀 보이지 않았습니다 하루 종일 앉아 있어도 찾는 손님은 썰렁했습니다 옆집 떡볶이 아줌마 천막은 오가는 손님들로 붐비는데 우리 붕어빵 가게는 찬바람 부는 선창가였습니다

 붕어빵 속에는 붕어가 없듯이 아무리 구워내도 붕어빵 같은 따뜻한 행복은 입질도 하지 않았습니다 절망보다 먼저 찾아온 초겨울 어둠은 붕어빵의 온기조차도 싸늘하게 만들었습니다 대학수능시험을 앞둔 딸아이의 아버지 직업란에 '자영업'이라고 써주었습니다 내일은 나도 양복을 입고 세상의 어딘가를 향해 출근을 하고 싶습니다 붕어 비늘 같은 비릿한 넥타이를 매고 오라는 곳이 없는 낙타의 사막 들머리에 출근 도장을 찍겠습니다

기다림의 추억

기다려주는 사람이 있는 동안
나는 그 사람을 생각하겠습니다
늙고 지친 시간들이 나를
기다림 밖으로 밀어낸다 할지라도
내 생각은 같습니다
세월이 너무 빨리 간다고
우리 가는 길에 붉은 신호등을 켤 수 없듯이
좀 늦게 간다고 함부로
푸른 신호등을 열 수 없습니다
기다림은 누구도 추월할 수 없는 공평한
정지선입니다
설사 기다림의 끝자리가
죽음이라 할지라도, 이 세상과의
마침표라 할지라도
나는 결코 후회하지 않습니다
당신이 나에게 건너올 때까지
나는 당신을 봄눈처럼 눈을 감고 기다리겠습니다

누군가의 기척 소리

깊은 밤 먼 시골길에서 만난 작은 인기척
겁부터 나던 유년의 기억
자라고 자라 예까지 날 따라왔네
모두가 떠난 빈집 같은
이제는 내가 세월의 술래가 되었네
군번 몇 줄만 남기고 나무지게 하나 유산으로 물려준
아버지의 이승에도 구절초 몇 송이 피고 졌을까
몇 번이나 끈을 놓아버릴까 망설였던
내 삶의 항해일지에 고된 인기척 하나
남기는 것도 부질없는 썰물일 터
네가 나를 그리움으로
네가 나를 아픔으로
네가 나를 설렘으로
꽃보다 낮은 소리로
나를 다락으로 밀어 올릴 때
내 죽음은 이미 타오르는 불꽃이었으니
누가 나서 내 낡고 허름한 그림자 하나 거두어 가리

초탈

쉬자
허리가 아프다
다리도 아프다
이제 좀 쉬자
마음이 아프다
좀 많이 아프다
너는 누구니?
이 세상에 없는
시의 간이역 부근
외롭게 나앉은
늦가을 빈 의자 하나

흑백사진첩 · 1
―옛날식 썰물 밀물

바다가 도마 위에 파도를 썰고 있다
착한 썰물이 물기를 훔친다
한 토막 한 토막 푸른 칼질이
숨을 쉴 때마다 숭어 비늘이 팔딱거린다
지난밤 해변에 노숙했던 갯바람
잠 깨워 일으키는 여덟 물때*
소금 익는 뜨거운 마을 마실 나선
아날로그 달빛 너는 기억하는가
어느새 부두에 당도한 어둠
닻을 내릴 채비를 한다
팔순 나를 무등 태운 이 바다에 서면
나는 아직 젊은 밀물이다

*물때 : 조수가 드나드는 때.

흑백사진첩 · 2
— 아버지의 가출

    의령군 대의면 하촌리 자굴산, 겨울 그림자만큼이나 어둡고 추운 골방 구석 빈농 벽진이 가문 둘째로 태어난 나, 아버지는 동네 주막 술추렴으로 사흘 뒤에야 아기 울음소리와 첫 대면을 했단다 미역국 첫술 입맛 다실 때는 이미 첫 이레가 훨씬 지난 뒤였다 어쩌다 읍내 장날 씨름판에서 한두 번 이긴 덤으로 송아지 한 마리 끌고 올 만큼 아버지의 샅바 솜씨는 호기가 넘쳤다

    어느 날 징용통지서 들고 찾아온 왜놈 순사 동구 밖 계곡 다리 난간에서 들배지기로 내동댕이치고 일본으로 망명했다는 아버지의 무용담은 언제 들어도 장사급이었다 광복 후 마산으로 건너온 아버지는 날 데리고 산으로 나무하러 다녔다 그때 익힌 솜씨가 나를 한때 서툰 나무꾼으로 만들었다 아버지가 우리 식구를 위해 더운밥 한 그릇 지어준 것은 야밤 밀항선으로 현해탄 다녀온 뒤였다 6·25때 집을 나간 아버지는 지금껏 영원한 미귀가 가출 신세다 함안 여항산 자락 어딘가에 군번도 없이 누워 있을 불쌍한 우리 아버지 보고 싶다

등꽃 술꽃에 관한 추억

시월의 남강은 꽃밭이다
색색 고운 유등
푸른 강물 넘실넘실 꽃물결로 출렁인다
거룩한 혼불 꽃등 밝힌
그 빛나는 남가람 허리 낮춘 길목
최계락 시인이 꽃씨를 뿌린다
파성 선생이 학춤을 춘다
술에 취해 촉석루 달빛에 취해
저문 성터 이끼처럼 발길 멈춘
진주 남강 옛정 새삼 그립다

어떤 갈증

우물은 우물일 뿐이다
누가 어디에 숨겼든 햇빛과 갈증만 있으면
그 존재는 발견된다 홀인원에 놀란 공이
까르르 웃다 말고 그 자리에 빠져나오지 못한다
우물도 아닌데….
마른장마 탓인지 요즘 시가 목마르다
누군가가 묻어놓고 간 상상의 바이러스를
캐내는 일이 어찌 한 타의 컴퓨터에 값하리
밤새 더위를 탄 마른 붓이 퍼질고 앉은 서가에
침묵은 스스로 날개를 깊이 내린다
오보를 은행 창구마다 비치한 일기예보는
소나기 한줄기도 잡지 못한다
얼음 조각 입에 물어도 내 시의 푸른 예감은
아직도 마른 우물이다

풀잎의 눈물

풀은 오뉴월 햇살을 먹고 자라지만
밤에는 별과도 말을 주고받는다
생각이 얼마나 깊었으면
들판은 스스로 우물을 팔 때까지
침묵의 잔고가 푸를까
생각이 생각을 하고 또 하면서
마침내 바위가 된 생명의 흐름
풀잎 하나에도 눈물은 흘렀으랴

내일은 귀향하리

태초의 바다로 가는 길은 언제나 초록풀 길이다
갯바람 손끝에 자란 파래들 공룡 발자국을
만지작거리거나 일곱 식구 버거운 끼니 달래
서산에 기울던 50년대 춘궁春窮 노을도
이제는 배고픈 전설이 되었다
풋풋한 골든벨 40고개에서 머뭇거린 손주들
찬스는 언제나 미지의 빈칸이다
얘들아 세상은 기회의 어머니란다
배낭여행길 배웅 나간 할아버지 걱정
배추쌈 한 잎 물어 나를 푸른 파도 소리로
내일은 귀향하리 돌아오리

군산 기억 한 점

소년 시절 일본 귀환길 우연찮게 처음 가 보았다
1945년 12월 미군 화물선 선장이
부산으로 잘못 알고 닻을 내린 군산항은
폭설이 하염없이 내리고 있었다
배 안에서 하루 종일 굶은 우리 귀환 동포들은
낯선 조국과의 첫 만남이 너무 서툴러
한글도 일본어도 아닌 이상한 수화로 물건을 흥정했다
철조망 하나를 사이에 두고
엿가락 떡 김밥 같은 음식을 사서 끼니를 때웠다
며칠 뒤 우리는 대전까지 올라가 다시
삼랑진에서 환승을 한 뒤 구마산역에 당도했다
이 어설픈 만남을 시작으로 나의 마산 인생은 시작되었다
이후 80년 동안 나는 마산 갯바람의 아들로 자랐다
나이가 깊어지면서 군산에 딱 한 번 가 보고 싶은 생각이 든다
그때 그 차가운 눈보라 철조망을 통해
사 먹던 구수한 엿가락 맛 같은
군산 사람들 따듯한 눈빛 다시 한 번
만나고 싶다

세월과의 불화

이루지 못할 것은 항상
이루어지는 것의 뒤쪽에 서 있다
늙어 점멸등으로 깜박이는 세월도
그 옆에서 졸고 있다
어쩌란 말인가
살아온 지난 시간 너무 힘들고 허전해도
앞앞이 나서 해명 못하고 숨죽인 아픔
내게 한마디 귀띔도 없이
귀먹은 나이만 저만큼 제 갈 길
혼자 바삐 가고 있네
아 어쩌랴
돌아보면 남길 것도 없고
더 할 것도 없는 공수래공수거
여든 나이 깔고 누운 전기담요 바닥
황진이 이마 기우는 달빛보다 시리네

내 유년 시절 스승님 세 분

내 어린 시절 아버지는 한 짐 나무지게를 어떻게
빨리 산길 밖으로 지고 내려가야 하는가를 가르쳤다
산지기 아저씨 고함 소리 사나운 개가 컹컹 뒤쫓아
오기 전에 수원지 산골짜기를 헐레벌떡 빠져나와야 했다
어머니는 썰물 때에 맞춰 구강 갯벌 바지락 캐는
호미질을 이른 봄부터 초겨울까지 숙달시켰다
밤에는 호롱불 밑에서 한글도 가르치셨다
누나는 밭두렁 사이사이 얌전히 핀 쑥 달래 냉이
씀바귀 민들레 같은 나물 캐는 솜씨를 알려주었다
가난했던 시절 한 끼의 밥상을 차리기 위한 고마운 정성이요
손길이었다
이제는 오랜 옛 추억 밖으로 사라진 그림이지만
이 세 분 스승님의 말 없는 가르치심은 교과서처럼
내 가슴에 새겨져 있다

낭만사전

한 잔의 커피가 부담스러워
엽차 한잔 눈치 밟히던 그 찻집
쭈그러진 주전자 철철 넘치던
막걸리 한 대접 구수한 술타령 그 통술집
술 취한 통금 발자국 숨겨주던 그 착한 골목길
이제는 가버린 사랑처럼 희미한
낭만사전이 되었네
외교구락부 비원 백랑 흑백…
청포도 무화과 낭만파 백치…
그 찻집 그 동인들도 수신인 없는
60년대의 우체통이 되었네
사라진 옛 가포 바다에 서서
이제는 전설이 된 화인 월초 재식
보고 싶은 이름 불러보지만
한 시대의 녹슨 무대처럼 달 그림자만 푸르네

초록 악보

소리를 내고서야 얼굴을 드는 기침처럼
안내명찰 목에 걸고도 길을 잃고 헤매는
치매증후군처럼, 어느 날 나의 안에
기척도 없이 먼저 와 누운 우울증 처방
낯설구나
동네 약국 아줌마 약사가 "올 감기는 한 열흘쯤
동거해야 이별 연습을 한다."는데
신열보다 더 깊은 곳에 숨은 너는
보름도 넘게 초승달로 떨고 있네
봄비가 종일토록 초록 악보를 적시고 있는
저 감미로운 독감 예보

제3부

무심결에

무심결에
세월이 월담을 한다 아무도 본 사람 없다
늙은 편백나무가 달맞이하듯 몰래
진한 향기를 훔쳐도 신고하지 않는다
기분이 언짢다고 난폭 과속하는
막가는 세상 핸들 누가 막을까
그 위에 어머니의 손길 같은 어둠이
회초리를 들고서야 몸을 낮춘다
무심결에
참으로 무심결에 세상에는
편안해지는 그림도 뜬다
새들이 하루 몫의 날개를 접고
일몰 아래 잠드는 풍경도
또 다른 삶의 치열한 모습이다
강물이 흐르고 또 흐르는 내력 속엔
만남과 헤어짐의 순리가 존재한다
산도 밤도 길도 모두가 제 갈 길을 가는데
나 혼자 빈 들판에 앉아
세월의 칸막이에 갇혀 있다

무능

엄벙덤벙 무작위로 살아온 세월
가끔은 지난날 일기장 속에 묻힌
뉘우침의 발자국들을 발견한다
마감 시간에 허둥대던 30년 신문 생활
작은 약속 하나 못 지키고 태연했던 일상
누구를 위한 제대로 된 선물 한번
마련 못한 무관심 등
해묵은 오류들이 새삼 무안한 기억으로
돌아올 때가 있다
젊은 노을 다음 이제 막 찾아온 후회처럼
저문 나이 핑계 삼아 옛 허물
묻어도 될까
요즘도 하루하루가 자유롭지 못한 이승의 무능
지금도 내 삶의 빈자리 붉히게 한다

가 훈

손주 녀석이 숙제라며 우리 집 가훈家訓을
적어달라고 한다 '정직 성실 인내'라고 써주었더니
흔한 강아지 이름 같다며 고개를 흔든다
다시 마음을 가다듬어 '생각은 깊게, 행동은 신중하게, 말은 품위 있게' 라고 했더니 이번에는 너무 교과서적이란다

더 이상 할 말이 없다
학교도 친구도 사회도 생각을 벗었다 주먹, 발길질이
떼법으로 축구를 한다 탐욕 욕설이 한 가족처럼 동거한다
막장 막말 막가는 자들의 역주행…. 세상의 길들이
문을 잠근 낙타의 바다에 가훈이 무슨 힘을 값하랴
그러나 얘들아 이 땅에 남아 있는 마지막 골든벨은
이 세 마디가 가문의 정답이란다

가훈 대신 백지 한 장 받아가는 손주의 눈에
반딧불이 하나 반짝 빛난다

마음 엿보기

 나는 당신의 마음이 어디에 가 있는지 잘 압니다 내가 아는 체하면 당신을 향해 피던 꽃도 멈출 것 같아 애써 마음의 눈뜸을 억제합니다 사람과 사람의 마음에는 일 미터 정도의 간격이 필요하다고 합니다 너무 가까이 있어도 당신은 멀어 보입니다 너무 떨어져 있어도 당신은 낯섭니다 마음은 당신과 나를 이어주는 작은 절간입니다 어떤 수화로도 전할 수 없는 언어의 꽃입니다

의자가 떠난 자리

햇빛이 쉬었다 간 자리, 바람들이 시간을 밟고 간 자리,
가지 부러진 생각들이 절뚝거린 자리, 무릎 관절 앓는 의자가
안갯속을 비틀거리며 혼자 걸어간다
주차금지 푯말용으로 내놓은 것도 네 발 모두 깁스를 했다
때 만난 동네 고양이들 무리 지어 승용차 밑으로
노숙 자리를 만든다
밤이 고요 밖으로 나들이할 무렵 나는 의자 대신
시효 지난 신문지로 등을 받친다 이제 내게 남은 의자는
어디 있을까, 어떤 모습으로 깜박깜박 점멸하는
옛 기억들을 줍고 있을까
의자가 빠진 자리는 흡사 썰물의 잔해 개펄처럼
내 지친 발목을 잡는다 나와 타인, 나와 세상을
이어주던 의자의 그림자가 희미해지는 겨울밤,
의자 대신 지팡이를 짚고 밤보다 더 어두운
깊은 잠의 계단으로 유행성 독감에 업힌 듯
떨며 내려간다
내일은 편백숲 순백의 새벽 공기가 다듬어낸
그 푸른 의자에 앉고 싶다

바다와 피아노

바다는 자신을 바다라 부르지 않는다
바람이 일으켜 세우고 파도가 연주하는
피아노 협주곡이라 생각한다
바다는 자신을 자연이라 말하지 않는다
사계절 푸른 악보 위에서 출렁이는 생명의
존재감 같은 것이라고 생각한다
동해의 일출을 넘어 남해의 일몰 앞에
하루 몫의 거친 항해일지를 접기까지
바다는 잠들지 않는다
바다여 어머니의 대지여 희망의 미답이이며
성숙한 슬픔이요 고통의 노래, 고요의 해일이다
지난밤 썰물 밖 개펄에 묻혀 달빛이 된
너의 피아노 협주곡은 내일을 향해
새 길을 여는 아름다운 절망이었다

선한 생각 만들기

작은 산이
작은 산 하나 보탠다고
큰 산이 되는 건 아닌데
작은 생각이 다른 생각 하나 읍는다고
큰 생각 되는 건 아닌데
아무리 작아도 산은 착하고
아무리 작은 생각도
선한 생각은 깊고 강하다네

내 고향 자굴산

무슨 핑계를 대던 한 해 한 번쯤
올랐던 산 고향 생각 잠 못 드는 밤
내게 다가와 베갯머리가 되어준 산
지금은 오르고 싶어도 못 가는 산
꿈속에도 영영 멀어져 버린 어머니
백발처럼 해마다 내게 표고를 한 치씩
드높이는 산
세월의 눈이 나를 덮기 전
딱 한 번 가 보고 싶은 외할머니 같은 산
오늘 따라 자굴산이 곱빼기로 보고 싶다

여 행

여행은 사과처럼 제 혼자 익는다
붉은 과일은 스스로 제맛을 볼 수 없듯이
언제나 먼 하늘만 쳐다볼 뿐이다
가을은 여행이 맛깔스럽게 익어가는 계절
그러나 못다 한 너의 그리움은
빈 들판에 한 점 까치밥으로 남아
줄 나간 연 같은 풍경을 띄워 올린다
올해도 내 여행은 달빛 시린 가지에 잠시 머물다 간다
너를 향한 작은 오솔길 하나 못 내고 나의 가을여행은
서서히 예약을 멈춘다

봄 택배

택배가 작은 박스 하나 던지고 간다
주문하지도 않은 '봄' 바다표.
그것도 아주 튼실한
남해 특산품이라고 한다
저 속에 무엇이 담겨 있을까
저 수상한 궁금증은 무엇일까
차라리 주꾸미 한 마리 멍게 한 점
혹은 봄 매물도 짙푸른 파도 소리 눈 뜬 야생화
장난치듯 내 우울증 달래주면 얼마나 좋을까
'수신자 연락 불통'
혹여 이런 문자 뜨는 날은
택배가 나를 잘못 선택한 것이다
난 그래도 좋다
당신의 택배 하나 받고 싶다
빈 상자 가득 '기다림'이 출렁이는
바람 소리 거센 어느 봄날 오후
발신처는 '안녕마을'* 해변 길.

*안녕마을 : 창원시 마산합포구 구산면 소재 갯마을.

어떤 고백

나이 잘못 먹은 탓일까
세상 사는 일 하루가 다르게 서툴고 불안하다
한여름에도 으스스 한기가 들고 뼛속 깊이
외로움을 탄다 우울한 생각에 빠져 몇 줄 적은
글들이 지우개 앞에 민낯이 된다 세상 밖으로
기웃거려도 함께 밥 먹자는 친구도 없고
오래 비워둔 빈 술잔 채워줄 기척은 핸드폰 문자에도 뜨지
않는다 발길에 밟히는 사람들 시선은
점멸등처럼 나를 빗겨간다
나는 지금 어느 길을 헤매고 있는가 내 어찌 이대로
너에게 돌아갈 수 있으리 깜박깜박 숨바꼭질하는
기억력, 비틀거리는 오리발 바로 세우고
네게로 다가가고 싶다 언제나 떨어져 곁에 있는
낙엽처럼 할 말 다 내려놓지 못한 처음 고백처럼.

입춘 기별

입춘 추위 너무 맵다 움츠리지 마오
가슴으로 길을 내는 그대는 아직도 겨울인가
산골 외딴 마을 초가지붕 끝마다
조롱조롱 매달린 겨울 잔상처
신발 끈 풀 날도 머잖았네
한 발 내밀면 발아래 냉이가 쑥쑥
또 한 발 내밀면 방금 출산한 봄꽃 엽서
배달 나선 우체부 아저씨 오토바이 소리
내 발등 타고 넘네

감나무들의 가을 나들이

저렇듯 눈부신 노을빛으로 익어가기까지
한여름 뙤약볕 침묵으로 맞선 너의 고행은 얼마나
아팠을까 저렇게 아름다운 달빛을
만삭의 가지에 걸어놓고
저 맛깔스런 유혹 이겨내기까지
너의 기도는 얼마나 치열했을까
오롯이 단맛 하나 지켜내기 위해
주남저수지 새들의 울음소리 예까지 불러 앉힌
찬 서리 무리 지어 하강한 가을 빈 들판
이제는 혼자 저벅저벅 걸어가는
저 감나무들의 외로운 늦가을 여행
갈대밭 저녁 밥상 물린 늙은 어둠이
슬며시 다가와 동행을 청한다

낮 달

서리 내려
싸리울 한기 들기 전에
텃밭 고추 한 소쿠리 따
한마당 가득 비닐천 바닥에 내말렸더니
해도 지기 전에 붉은 고추잠자리 떼
몰려와 이부자리 편다
어느새 노을도 세월도 익어
등 굽은 시골 논두렁길
늦가을 저문 사랑 몰래 품은
달그림자
붉은 고추보다 더 가슴 붉힌다

산사에서의 하룻밤

겹겹 쌓인 낙엽이불을 덮고
겨울잠을 청하는 산사 고찰
공양 시간 놓친 겨울바람 뒤축
대웅전 뜨락 전나무 가지를 흔든다
이른 새벽부터 떨며 반짝이던
건넛산 외딴 별 하나
처마 끝 풍경風磬 소리에 얼굴을 묻는다
살아 있는 모든 것들은 누군가를 그리워할
자유가 있다 따뜻한 잠과 쓸쓸한 추위를 넘어
한 끼의 더운 밥상 기다리듯 너에게 가고 싶다
어느새 한 치쯤 웃자란 폭설의 벽을 밀고
이제 나는 간다 먼 마을 여린 등불처럼
낮게 흐느끼는 너를 향해 시린 항해의
닻을 올린다

부실공사

늦가을 어둠이 구렁이처럼 담장을 넘어
내 어깨를 밟고 간다
오랜 방황에서 돌아온 찬바람이
조금씩 옷깃을 세우고 마지막 골목을 빠져나간다
환경미화원 빗질에 쓸려가는 낙엽 하나
한마디 댓글을 단다
(세상 사는 거 다 그런 거야
그냥 물 흐르듯 그렇게 사는 거야)
자리 덜 잡힌 틀니 달래듯
삶의 핸들이 서툰 사람에겐
어둠도 한끼의 위안이 되는 세상
서둘러 방문 걸고 독거하기엔 아직 시간이 이르다
나의 겨울밤은 언제부터 시작될까
시름이 책 무덤처럼 깊어가는 이 밤
한지에 세한도 훔쳐 담듯 서툰 붓으로
짓다 만 한옥이 추녀 끝에서부터 무너진다
평생 편안한 방 한 칸 못 만든
내 시의 부실공사는 지금도 지우개 상처만 낭자하다

내 젊은 날의 자전거

코스모스 휘파람 부는 강둑길 건너
움푹 패인 도심 속 낡은 아스팔트 길 돌아
시골 장터 어머니의 저문 행상길도 거두어 왔다
살아온 세월 굴러온 시간 잠시 멈추고
내 젊은 날 되돌아본 자전거 바퀴
모 없이 둥근 세상 한길로 품고
낙동강 하구 어디쯤 갈대 마을에
쉬어가는 바람이 되라고 했던 말씀
아직도 귀에 시리다
혼자서 가다 혼자 서고 때로는
혼자서 생각하고 혼자 굴러가는
저 바퀴의 숙명처럼 허튼 길도 바르게 가라 했던가
삶의 모서리에 다쳐 딸꾹질하듯 흔들리는
나는 아직도 내 생의 초보운전자이다

일 몰

누가 기억하랴
폐선 같은 어둠을 밀고
저문 바닷길을 열던
50년대의 낡은 항해를

이제는 젖은 폐지처럼
고물 리어카에 실려 가는
가포의 일몰
해변도 모래사장도 사라진
그 청정의 낭만
누가 너를 '산장의 여인'이라 호명하리

바다에서 건진 편지

1.
내게 한 번 온 파도는
다시 돌아가지 않는다
스스로 돌아갈 길을 지워버린 탓일까

파도는 개펄을 가족처럼 사랑한다
무작정 떼 지어 가출한 수많은 게들을 물때 맞추어
차례차례 집으로 되돌려보낸다
어쩌다 별이 무리 지어 바다로 추락하는 그믐밤이면
밀물 때까지 기다려주는 배려도 착하다

2.
바다를 지키는 것은 거대한 약속이 아니라
미세한 울림이다
상어처럼 사나운 파도만 있는 것이 아니라
돌미역 한 잎 같은 작은 지느러미도 있다
바다를 찻집처럼 가까이 지낸 탓인지
파도는 내게 간혹 손편지를 보낸다

가슴 따뜻하면서도 서늘한 파도들의 글귀가
내 젊은 날의 꿈으로 방황의 파고로 나를 흔들었던 것을
나는 영영 잊을 수 없다

백 자
—조선의 달 항아리

차가운 달빛 한 대접
뜨거운 고요 한 가마
얼마나 많은 생각들이 다녀갔을까
한 시대의 왕조였다가
한때는 전설이었다가
마침내 흙 속에서
맑은 혼불로 피워 낸
저 눈부신 황홀
오백 년 잠 밖으로 걸어 나온
아름다운 유혹
조선의 달 항아리

제4부

인연이라는 끈

한 백 년 전쯤이었을까
너는 기억하니
이 고갯길 달구지 끌듯 지나친 바람의 흔적을
우리 아버지 바람기 끝내 멈추지 못한
저 젊은 날 바람들의 반란을
백 년의 세월 밖으로 가출한
나의 방랑은 또 언제쯤 끝날까
지금도 내비게이션 없이 한밤중에 달려와
내 옷깃 잡아끄는 저 자굴산 바람 소리
정암루 굽은 강물 소리 가슴에 여울을 판다
아, 내게 고향은 무슨 「박꽃 향내 흐르는 마을」*인가
「물 긷는 아가씨 모습이 꽃인 양 고운」* 산촌 가락인가
한 해 두 해 멀어져가는 헛소문 같은 너
자고 나면 사라지는 읍내 골목길 같은 너
얼굴만 가린 먼 그리움 같은 어머니의 얼굴
오늘 밤도 물수제비만 뜨다 발길 돌리는
누더기 같은 인연 언제 누가 다시 꿰매줄까

*졸시 〈산촌〉에서 인용.

무료無聊 허물기

어제의 그 자리가 오늘의 이 자리다
의자는 바뀐 게 없어도 주인이 다를 뿐이다
내일은 또 누가 앉을까 자리는 언제나 지나는 바람처럼
비어 있다
월급봉투라고는 제대로 바친 적 없는 적빈의 세월이
지금도 간혹 내 자리를 흔든다 아버지 실격자인 나를
'가족'이라 불러준 식구들이 낯설기도 했다
이제는 애들이 식솔을 거느린 가장이 되었지만
왠지 저들의 아파트 식탁에선 내 흔적 한 자락도 안 보인다
한끼의 무료한 잡곡 밥상 앞에서, 가짓수 늘어가는
늙은 마누라 잔소리 같은 당뇨 치매 예방약 앞에,
밤마다 시비를 거는 거친 잠결 앞에,
제 혼자 깊어 비틀대는 외로움 앞에
이제 남은 것은 아무도 거들떠보지 않는
구겨진 주민등록증 한 장뿐
오늘은 내가 키운 잘 익은 삼겹살 같은
무료의 무게 다 내려놓고 창밖 겹겹 적막 속
또 다른 나를 찾는 암행길 나선다

빈 의자

너를 보면 곁에 눕고 싶다
한마디 대꾸도 없이 빈 잔으로 남은
쓸쓸한 저녁 강
어둠이 더 꽃피기 전에
너의 빈자리 채워주고 싶다

가을 틈새

낙엽 고독 그리고 사색
가을이 완성도를 조금씩 높이고 있다
노을빛으로 익은 대봉감
끝 가지에 남길 까치밥 걱정이다
갈숲 아픈 상처 적시며 스스로
거친 물결 낮추어 흘러온 저 강물
비상의 기회를 놓친 철새들 안전 하강 도와줄까
첫눈 소식은 이른데 댓잎들 한기 타는 소리
발 빠른 저문 가을 어둠 앞지른다
나의 가을은 아직도 빈손인데.

시의 퇴근길

사는 일이 힘들고 버거울 때
세월은 내게 지팡이를 주었네
삶의 핸들에 경고등이 울릴 때
어머니의 먼 예감이 내 손을 잡아주었네
참는 일이 덜 참는 일보다 아플 때
세상은 눈에 안 보이는 시각 장애였네
어둠보다 더 어두웠던 동짓달 긴 밤
황진이는 달 항아리 같은 시의 꽃으로
세상에서 가장 행복한 술상을 차렸다는데
아, 어쩌랴
어느 통술집 담벼락에 쓸쓸히 떨고 있는
내 시의 퇴근길

천도복숭

남루한 노숙 달빛
함께한 폭염 가지 끝
담백 혹은 풋풋이
천도복숭 익어가는 소리
입맛 간지럽힌다

성찰이란 이름의 일몰
어느새
천둥 번개 멈춘
초가을 고요 위에
구절초 한 다발 불러내고 있다

골목

골목은 내 생의 작은 수첩
아직도 기억한다
젊은 날 통금 사이렌 숨겨주던
고마운 옛 친구의 얼굴을,
내 방황의 끝자리 지켜주던
어머니의 따뜻한 손길 같은 모습도.
어느새 되돌아갈 수 없는
늙은 세월에 업혀
네게로 가는 오솔길
하나도 못 찾고 있네

어떤 전설

버림으로 채워지는
아름다움의 미학
한 알의 모래가 만든 사막의 완성이다
세우고 무너지는 한 시대의 역사
삶의 상처요 꽃이 아니던가
패망의 왕조가 남긴 토기 한 점에도
침묵으로 맞서는
언어의 숨결은 뜨겁다
스스로 미라가 된 신라의 달 고운*
천년의 꿈 예까지 뱃길 저어
월영대* 푸른 달빛이 되었는가

＊고운 : 최치원의 호.
＊월영대 : 고운이 남긴 옛 자취.

저 별

어제 누군가가 놓친 저 별
오늘은 누군가의 희망 또는
그리움이 되겠지
오늘 누군가의 가슴에 지는 저 별
내일은 또 누군가를 위해
다시 한 번 반짝이리
한번 가면 그만인 하루
그 하루가 얼마나 소중한가를
저 별은 말하리
'반짝' 딱 한 번
제 빛으로 말하리
어둠은 왜 등 뒤에 서 있는가를
온몸으로 소리하는 샛별
저 어둠이 없으면
별은 더 빛날 밤도 없으리

창동별곡

언젠가 마산을 잠시 떠났던 거리
그때 머물다 간 흔적
다시 그리움으로 돌아오고 있다
이 가을 켜켜이 커피 맛 같은 문향 발자취
고모령 막걸리 맛 오롯한 골목
문청의 꿈 빛났던 백치 동인 학생 시화전
간판도 눈에 밟힌다
사랑보다 치열했던 예술혼
잉크 대신 붉은 피로 시의 꽃을 피워내던
가포의 젊은 시인도 이제는 전설이 되었다
돌아보지 마라 세월의 무덤이여
아직은 가슴에 반짝이는 김춘수의 〈꽃〉
조두남의 〈그리움〉 화인의 연극무대
최운 화백 취기 물고 다니던 그 착한 게 가족들은
어느 벽화 담벼락 길을 유영하고 있을까
문득 길 잃은 창동 옛 백랑찻집 앞에 서면
나도 60년대 낭만 한 잔 청해 마시고 싶다

봄 다음

입춘에도
뜨거운 몸짓
꽃의 첫 울음
네게도 결빙의 장엄이
남긴 상처 푸르구나
봄이 제 비밀번호를 알았을 때
봄은 이미 스스로를 버리고
땅보다 깊은 어둠 속으로
몸을 숨긴다
기억하라 꽃이여
너는 또 다른 우주의 생명보험이다

백내장 수술

며칠 전 백내장 수술을 받았다
더 잘 보이는 것도 덜 보이는 것도 없는
늦겨울 한기 같은, 아직은 서툰 봄 햇살 같은
발효된 시력만 눈부시다
세상은 내가 보지 않아도
제자리에 제대로 머물러 있는데
눈 크게 뜨고 보아야 할 일들
내게 남아 있을까
보기 싫어도 보아야 할
미세먼지 같은 나쁜 세월
백내장 수술 아픈 기억 씻어내듯
이제 좀 그만 볼 수는 없을까

조개 이야기

늦가을 썰물 빈 개펄을 거닐던 조개 하나
바다가 왜 바다인가를
바다가 왜 저들만의 다세대 주택인가를
작은 몸으로 크게 말을 한다
파도가 버리고 간 빈집 뻘밭에 숨어 피는 바다의 보조개
하룻밤 별들의 민박도 받는다
가슴 답답할 때
머리가 아플 때
바다 외에는 달리 위로받을 수 있는 사랑이
없다는 것도 잘 안다
젊은 추억도
늙은 세월도
손자 손녀처럼
거둘 줄 아는 착한 바다
한때 태풍보다 더 큰 상처로 방황했던
마산의 여름 바다는 기억한다

생로병사

죽음은 무면허 운전자인가
신호등도 예사로 짓밟고 역주행도 서슴지 않는다
때로는 음주 만취 불안한 치매 증상도 보인다
저승사자가 이러면 나라의 기강은 어디서 세울까
태어나면서 갑질을 하거나
생로병사 앞에 고개 드는 장사는 없다
아는가 죽음이여
어린 풀잎 앞에서도 긴장하는 우주의 수심을
해마다 늦가을이면 대상포진 걸린다는
내장산 단풍, 그 간지러움 잎잎이 지고 나면
산문 나서는 지리산 겨울 칼바람 소리 들을 수 있을까
허리 굽어 등 시린 세월
긁어도 긁어도 상처만 깊어가는
봉인된 추억 아득하구나
내 생애의 마지막 시 죽음이여
오라 내게 좀 더 낮고 따뜻한 이불자락으로
엄마의 자장가처럼 내 목숨 덮고 가라

김장의 내력

고요를 업은 붉은 노을이 막 버스에서 내린
어느 시골 마당 너른 초가집
김장 김치 버무리는 손과 손들이 뜨겁다
촛불 내려놓고 달려온 큰며느리 입씨름도
순창 고추만큼 맵다
김치 한 포기에 쌓이는 오랜 맛과 정성
저 천년 묵은 손맛에도 어머니는 살아 있다
우리가 이승에 탯줄을 끊고 태어난 까닭
누구도 그 질문에 답을 못 적는 사이
술 익듯 익어가는 아름다운 인연

습작 노트

달빛이 햇빛보다 고마운 때가 있다
그믐밤만 빼고는 연인처럼 몰래 다가와
따스한 아랫목이 되어주는 저 달빛
사랑이 서툴 때마다
건넛산 자락 어딘가에 깊이 묻어둔
옛 별빛 한 조각 꺼내 손에 쥐어준 때도 있었네
산다는 보편적 일상이 고3 수학 문제만큼
날이 갈수록 어려웠던 시절
너는 내게 삶의 또 다른 과외
시의 첫길을 열어주었네
시를 알 만한 나이에 시보다 먼저 가 버린
어느 시인의 주검 앞에
바람이 남기고 간 첫 머리글
산문 나선 달빛 예 와서 다시 어둠의 꽃이 되었네

보이는 것 보는 것

무지개는 보는 것이 아니라 잠시 보일 뿐이다
착시 현상 같은 것이다 우리가 살아온 지난날
잘못 본 무지개는 얼마나 될까
별 하나를 보기 위해 잠 못 이루는 사람도 있다
별은 보이는 것이 아니라 스스로 본다는 것이다
세상에서 제 눈으로 제 별을 볼 수 있는 사람이
얼마나 될까

나무는 시인이다

이른 봄
너의 몸에 귀를 기울이면
물을 나르는 양수기 소리가 들린다
가지가지 잎잎 사이로 걸어 다니는
종종 발걸음, 새소리 따라 싱그럽다
차가운 겨울 강을 지나 푸른 들판 열고
달리는 봄 햇살 눈부셔 잠시 멈춘
고로쇠나무 그늘
하루 몫의 일기를 쓰는 새움 잎새
꽃망울까지 봄의 각혈을 예감한다
술 한잔 없이도 시의 밤은 깊다
내 님은 어느 달빛 아래 잠들었을까

외로움 혹은 그리움

갈대는 외로움이란 말 함부로 쓰지 않는다
들판 끝자락을 머리맡에 둔 강물도
그리움이란 말을 아낀다
바람이 밤새 달려와 흔들어도
갈대는 외롭고
바다가 바로 눈앞인데도
강물은 그리움을 못 버린다
삶 자체가 외로움이요
그리움인 것을
사람들만 모른다

특별한 순간

무심한 일상
고양이 졸음처럼 지나간다
디카시 한 컷에 막 잡힌 특별한 순간
버릴 것도 건질 것도 없는
하루 몫의 망각
세상의 낮은 곳으로 꽃이 진다

반딧불이

늙으면 나이가 길이 된다고 한다
나이 잘못 먹으면 길을 잃는다
늘 나다니던 길인데 깜빡 놓칠 때가 있다
이 길 저 길 헤매고 다녀도
돌아갈 길 못 찾고 가던 길도 꽉 막힌다
어떤 날은 나를 알은척해 줄 옛 골목길 같은
나만의 해방구가 그립다
그렇다고 무작정 역주행할 수는 없다
어차피 우리의 하루는 길 위에 존재한다
잠시 눈을 감고 발걸음을 멈춘다
잠결인 듯 어둠도 깊은데
어디선가 반딧불이가 날아와
내 어깨를 떠민다 자세히 보니
그건 불빛이 아니라 너의 손이었다
따스한 온기를 지닌 너의 마음이었다
늦가을 바람이 밟고 간 달빛이었다
나도 누군가의 밤길을 밝혀줄
작은 반딧불이로 남고 싶다

바다 이야기

해방되던 그해 겨울 일본서 마산으로 처음 귀향했다
초등학생 때 바다는 나를 두 번씩이나 허우적대게
하고서야 헤엄치기를 허락했다 적현 뒷산 나뭇짐도 배로
실어 나르고
구강 앞바다 개펄 바지락 가재로 허기를 해결해 준
그 착한 바다를 나는 누나처럼 사랑했다
거친 파도 매서운 칼바람과도 어깨동무를 했다
오, 어린 귀신 초록빛 혼령처럼 반짝이던 내 젊은 날
낭만의 꽃 남성동 해변의 시거리*여
너는 지금 어디에 있니?
그 오롯한 불빛이 자라서 내 문학 사랑의 작은 꿈이 되고
마침내 삼일오 그날의 뜨거운 횃불이 되었으니
바다여 거룩한 민주 성지 그 착한 마산 바다여
너는 영원한 내 시의 어머니로다

---

*시거리 : 달 밝은 밤, 청청했던 마산 해변에 반짝이던 초록빛 물살. 야광 플랑크톤.

돌, 너는 나의 꽃이다

내 몸속에 숨은 시
너는 보았는가
때로는 꽃으로 혹은 새로
언어의 길을 여는
시의 뜨거운 핏줄을
저 빈 들판에 내리는
비여
억겁의 노래여
내 얼굴에 시를 새기지 마라
나는 이미 태어나면서
새로운 생명을 숨결을
나의 안에 돌탑처럼 품고 있나니

가을걷이 들판 앞에서

늦가을 햇살 꼬리 밟고 막 당도한 늙은 경운기
가을걷이 막장 누런 들판 아래 시린 몸을 숙인다
새참 시간도 아닌데 허리부터 다잡는 허기
갈대밭 머리에 풀어두고 온 옛 신발끈
다시 고쳐 맬 여유도 없다 지난 세월
뒤돌아봐 마음 추스릴 뉘우침 어디 한두 군데뿐이랴
여름 내내 무더위보다 더 고된 육신의 노동
탓하지 않고 여린 가지 끝에 까치밥 한 톨
업어 키운 잡초 덤불 외톨박이 감나무는
얼마나 더 익어야 무거운 업장 내려놓을까
세상만사 온갖 시름 다 벗어 놓고 혼자 남은 저 빈 광야는
얼마나 더 기다려야 별이 지는 겨울밤을 만날 수 있을까
산사山寺 스님 묵주 앞에 의문 하나 던져도
답신 하나 못 얻는 끝없는 방황
오늘도 저승 같은 해는 속절없이 저문다

■ 평설

正見 그리고 放下
―목영 이광석의 시 세계

尹在根
(문학평론가·한양대 명예교수)

여러 해 전에 목영木影의 작시作詩를 살피면서 중정中正의 미美라고 밝힌 바 있다. 목영의 작시는 예전부터 지금껏 그 짜임새를 의도적으로 꾸며보고자 한 적이 없다. 물길이 절로 길을 잡아 흘러가듯 시심詩心이 감동感動한 그대로 시상詩想을 자아내어 목영의 작법作法은 억지스러운 데가 없음을 살펴본 바 있었다. 이제 다시 목영 시 작법을 두고 이러고저러고 비평批評할 생각은 없다. 그는 이미 한평생 시작詩作을 두고 산전수전 다 겪었다. 이러면 시가 되고 저러면 시가 안 된다는 본능本能을 이미 삭일 대로 삭여 시의 일가一家를 이룬 지 오래이다. 그래서 이번에는 일가를 이루게 해준 그의 시심을 따라 속내를 찾아 살펴보려 한다.

지리산에는 주민등록증이 없는 나무들의 마을이 있다 …… 뿌리 내려 살아온 백 년, 벌거숭이로 살아갈 또 다른 백 년을 예약하는 천년 푸른 저 고사목들의 울음을 보라 발신인도 없는 우표를 마디마디 가지마다 잔뜩 매달고 장터목 칼바람 혼자 받아 봄편지 택배 길 멈춘 저 늙은 집배원. 아, 텅 빈 하늘로 눈먼 세월 다 보내고 이제는 입고 벗고를 초월한 탁발승이 되었네

―〈고사목〉 맨 앞과 뒷부분

목영은 노시인老詩人이지만 시심은 여전히 유유히 청청하게 흘러가는 강물이다. 젊어서부터 지금껏 시심은 강물 같았지 솟구치거나 내리꽂히는 분수의 물줄기를 닮고자 하진 않았다. 그래서 시는 유장하면서도 감칠맛이 돌아 사람들의 마음속을 휘감고 은근히 맴돌이 하게 하는 중정中正의 멋이 항상 든든하다. 지금은 더욱 그의 시심이 심중心中을 심금心琴으로 누리게 해준다. 늙어서도 자신의 시심을 한결같게 갈무리하고 있음을 〈고사목〉이 잘 드러내준다. 이미 그는 산문山門을 나섰다고 시로 밝힌 적이 있나니 여기 〈고사목〉은 자신이 세상바람에 띄워 보내는 편지글이다. 인생의 편지글이란 절절할수록 단락 짓지 못한다. 염주 알들이 한 줄에 꿰여 한 고리가 되듯 〈고사목〉도 줄줄이 이어져 본래 인생이란 단막單幕임을 마주하고 저마다 인생을 되돌아보라 한다. 젊어서는 영생永生할 줄 알고 "입고 벗고" 설치지만 삶은 반드시 늙음이란 골목을 향해 내리닫고 있음을 틈새 없이 절절하게 전해준다.

〈고사목〉을 눈으로 읽지 말지어다. 입으로 처렁처렁 소리 질러 귀로 〈고사목〉의 흐름을 따라 들어볼 일이다. 그러면 누구나 딱 한 번밖에 허락되지 않는 인생人生임을 사무치게 될 터이다. 〈고사목〉은 지나온 세월 이런저런 "입고 벗고" 했던 온갖 매듭들을 풀어서 훌훌 놓아버릴 수 있는 인생의 마지막 장을 잊지 말라고 절절하게 "탁발승이 되었네"로 편지를 멈춘다. 목영의 시심은 강물 같아도 시상詩想을 자아내 그 강물에 띄움은 매우 섬세하다. 〈고사목〉을 시행詩行으로 가름하지 않고 한 줄이듯 연이어 구두점을 극도로 피하다가 "탁발승이 되었네" 끝내놓음을 보라. 길든 짧든 한 인생이란 한 줄기 외길이고 늙은 다음 죽음이란 종착역에 닿기까지는 끝남이 아닌지라 "되었네"로 편지글을 멈추어 마치 산사山寺의 범종梵鐘이 맥놀이 하듯 내버려둔다.

> 밤새 바람 날에 문초당한 뱃전에도
> 해탈의 감빛 같은 새벽이 닻을 내린다
> 오래된 방황, 더 누구를 기다릴 것인가
> 새벽 바다에 묻는다
> ......
> 우리가 찾는 삶의 푸른 입질은
> 어느 손끝에서 만날까
>
> —〈조간의 식탁〉 7~10행, 끝 두 행

인간은 늙어도 그 시심은 허정虛靜하면서도 섬세한지라 시인은 여전히 젊다. 그의 시심이 강물 같다 하여 시상을 두루뭉수리로 싸잡아 그럭저럭 한다는 것은 아니다. 평생 시인으로 살았지만 지성知性이나 감성感性이 남보다 뛰어남을 과시해보려고 시를 이용한 적이 없다. 한국현대시가 예기銳己 경쟁을 하느라 소용돌이칠 때도 목영은 한발 물러서 삶이라는 현장 속에 묻어나는 생고生苦를 고달프면 고달픈 대로 즐거우면 즐거운 대로, 때로는 넌지시 때로는 세차게 시상을 엮어냈지만 자기自己를 보란 듯이 앞세우려 하지 않았다. 여래如來가 한평생 내내 생고生苦를 설說했듯 목영도 그대로 본받아 시도詩道가〈생고生苦의 정견正見〉에서 벗어난 적이 없다. 그러므로 그의 시심을 생고生苦의 장본藏本이라 불러도 틀릴 것은 없을 터이다. 뿌리를 꼭꼭 숨겨둠을 일러 장본藏本이라 한다. 그런 시심인지라 "새벽 바다에 묻는다"고 삶을 보살피지 "밤새 바람 날에 문초당한 뱃전"을 대낮이 오면 들고 나가 항변하라 삿대질하지 않는다. 그에게 시는 그 무엇의 수단도 목적도 아니다. 시는 시로서 인생을 말하여 인생의 참모습에 다가가게 우두질함이 시인의 양심良心임을 목영의 시를 만나보면 알고도 남을 터이다. 이른바 참여시參與詩의 기류氣流란 풍랑이 세찰 때에도 자신의 시도詩道를 벗어난 적이 없었다. 청명淸明한 대낮 같지 못하고 항상 "밤새 바람 날에 문초당한 뱃전" 같은 것이 삶의 현실現實이다. 그렇다고 절망하지 말라. "해탈의 감빛 같은 새벽이 닻을 내린다"니 온갖 "문초"를 "누구를 기다릴 것" 없이 "새벽 바다에 묻는다". 그렇다고 해서 아픈 삶을 체념하고 포기함은 아니다. 왜냐하면 시인으로서 "우리가 찾는 삶의 푸른 입질은/ 어느 손끝에서 만날까" 이렇게 끈 질긴 희망의 닻줄을 끊지 못하게 하는 바라밀이 동아줄 같기 때문이다. 시인은 시를 위선偽善이나 허세虛勢의 늪으로 던져서는 안 된다는 시정신詩精神이 목영에게는 강건剛健하다. 온갖 "문초당한 뱃전" 같은 삶의 현실을 "새벽 바다에 묻는다"고 하되 그래도 "삶의 푸른 입질은/ 어느 손끝에서 만날까" 자문自問하면서 "문초당한 뱃전"을 떠나지 못하는 연민憐憫을 가슴에 담아보라 한다. 이처럼 목영의 시심은 생고生苦의 연민을 떠난 적이 없다. 시인으로서 평생 시심의 길을 벗어날 수 없었던 인연因緣은 이미 그의 고高3 이전에 있었다.

> 한끼의 가난은 구걸해도
> 한끼의 양식은 거절당했네
> 저녁 밥상 못 받은 겨울 썰물 바다 같은
> 불공정한 허기 때문에
> 여덟 식구 입 풀칠 경쟁도
> 동네 청문회 감이었네
> 전사통지서 없는 아버지 주검 앞에
> 밑머리 다 빠진 어머니 함지박 행상은
> 내 힘든 고3 시절을 알바 휴학으로 돌려세웠네
> 고무신 공장에서의 야근 1년,

미군 병참선 하역 작업 중 헌 군화
밑창에 숨겨 나온 쌀 한 줌, 그리고
밤새 씹어 삼킨 오징어 다리 냄새
때문에 부두 검문소 빠져나오기가
쉽지 않던
또 다른 노동의 현장도
내 젊은 날 거친 시의 바다였네

—⟨60년대의 알바⟩ 전문全文

  이것은 흥부가에 나오는 가난타령 같은 것이 아니다. 오히려 가난이 끌어다 준 "노동의 현장"이 "거친 시의 바다"가 되어 그로 하여금 한평생 인생의 바다에 정견正見의 시도詩道를 넓힐 수 있게 한 근기根基였음을 증명證明한다. 10대를 모질게 몰아붙였던 가난을 풀어내는 시심을 보라. 가난을 향한 분노 따위는 눈곱만큼도 없다. 오히려 한발 물러나 마치 가난의 실꾸리에서 가난의 실을 풀어낸 영상映像들이 파노라마로 드러나 하염없이 마음속을 휘저어 사무치되 분노하지 않는다. 두 볼에 흘러내리는 눈물은 별것이 아니다. 마음속을 적시는 또 다른 눈물이 있음을 절절한 생고生苦가 깨닫게 하는 것이다. 그 깨달음이 바로 정견正見의 현장이다. 이미 십대에 "밤새 바람 날에 문초당한 뱃전"에 매달릴수록 시심은 삶의 〔生〕 괴로움을〔苦〕 마주하면서 사무치지 분노하지 않았다. 진정한 시심이라면 분노하지 말라고 시성詩聖 두보杜甫의 시들이 이미 밝혀

두지 않았는가. 물론 목영도 사람인지라 때때로 슬쩍슬쩍 분노憤怒의 낌새를 시로 비친 적은 있었지만 그의 본분本分은 아니었다. 그런 분노를 안으로 새겼지 한 시절 유행했던 대자보처럼 자신의 시를 헐값에 세속화世俗化하지 않았다. 〈60년대의 알바〉같이 세파世波가 험악해도 저만치 한발 물러서서 시인은 인생을 사랑할 일이지 인생을 메치고 되치는 거간 노릇이란 할 수 없음을 사무쳤기에 흔들리지 않으니 그의 시심은 생고生苦의 뿌리를 벗어나지 않았다. 세상 천지에 최초로 〈생고生苦의 정견正見〉을 설說해주신 여래如來를 모신 절집에서 생고生苦의 정견正見을 자신의 시심에 담고자 마산포교당을 맴돌았던 목영의 20대가 평생 그를 떠나지 않은 셈이다. 삶의 현실이 세찰수록 세상은 "거친 시의 바다"로 내몰았지만 시심은 무르녹아 생고生苦의 시정신은 더욱더 혼후渾厚 즉 심덕心德을 두텁게 해 준 것도 여래如來의 말씀을 귀담았기 때문이리라. 70년대에서 90년대 서양에서 수입해온 온갖 사조思潮들 탓으로 한국현대시가 저마다 송곳 같기를 경쟁할 때도 목영은 시심을 날카롭게 하고자 숫돌에 얹어 갈려 들지 않았다. 시심詩心은 초심初心대로 가야 길어내는 언어들이 깊고 그윽하게 문향聞香함을 의심하지 않았고 변함없이 초심 그대로 목영은 자신의 시도詩道에서 벗어나지 않았다.

　　내게 허용된 눈물의 잔고가 얼마나 될지
　　나의 안에 시의 꽃 같은 언어들이 얼마나

잠자고 있을지 나는 모른다

　　……

　　아무리 물어도 답을 못 내는

　　나는 이미 늙은 낙타다

　　　　　　　—〈낙타의 변〉 7~9행, 끝 두 행

　"눈물의 잔고"는 다름 아닌 "시의 꽃 같은 언어들"이다. 시심이 자아내 시상을 엮어내는 "언어들"을 "눈물의 잔고"에서 피어나는 "시의 꽃"이라 부르고 있음을 보라. 이처럼 그의 시심에는 송곳도 없고 서슬 퍼런 칼날도 없다. "눈물" 방울방울이 생고生苦의 아침 이슬로 메마른 사막을 견뎌내는 "낙타"처럼 그의 시심은 멈춤 없이 생고生苦의 관음觀音을 울리느라 "나는 이미 늙은 낙타다"란 자술自述이 후련하다. 회한悔恨도 여한餘恨도 없이 그냥 그대로 하염없는 자화상自畵像이다. "이미 늙은 낙타" 이는 평생 버린 적이 없는 생고生苦에 뿌리내린 시심이 그려낸 정견正見의 자화상이다. 이제 시심은 "늙은 낙타"의 등에서 생고生苦의 짐들을 풀어서 "입고 벗고를 초월한 탁발승"으로 돌아와 세속의 사막에 바라밀의 수로水路를 내고자 "침묵보다 더 깊으리" 눈물 어린 언어의 목탁을 탁탁 치며 방하放下한다.

　　밤새 누군가를 그리워하다

　　눈가에 졸음증을 푸는 수련

동녘 하늘 슬며시 다가와 말문을 열면
너는 금방 수줍어 얼굴을 가린다
평생 해맑은 웃음꽃 한 송이 피우기 위해
겨우내 몸살 앓는 진흙 속 푸른 멍울
단 한마디 소리 하지 않고
안으로만 몰래 품은
저 오롯한 사랑의 말씀
침묵보다 더 깊으리

—〈수련 눈뜰 때〉 전문全文

이제 열사熱沙의 모래바람에 눈을 감아야 했던 "늙은 낙타"는 메마른 사막도 밟아 건넜으니 마두금馬頭琴의 선율을 뜯지 않아도 세파에 젖을 물릴 눈물이 맺히듯 시심은 방하착放下著하고 "저 오롯한 사랑의 말씀"을 "탁발승"의 목탁 소리에 맡긴다. 〈수련 눈뜰 때〉는 목영의 시심이 이제 "눈가에 졸음증을 푸는 수련"이 되는 것이다. 온갖 예토穢土 즉 더럽고 거친(穢) 땅(土)에다 뿌리를 내려도 청순하기 이를 데 없는 수련의 향기는 본래부터 "저 오롯한 사랑의 말씀"으로 여래의 자비로운 법음法音을 풍긴다. 여기 "수련"은 그의 시심인지라 생고生苦의 정견正見을 더욱 징명澄明하게 하고자 온갖 거추장스런 것들을 훌쩍 내려놓은 방하放下 그것이다.

내일모레면 미수米壽를 맞는 시심은 이제 무엇을 그 속에 담아둘 것인가. 어차피 빈손으로 왔다 빈손으로 가는 인생인데 "입고 벗는" 온갖 잡동사니들을 그만 내려놓고(放下) "탁발승"이 되어 목탁 치는 "눈물의 잔고"에는 이제 자비慈悲의 바라밀이 아닌 것이란 없음을 〈수련 눈뜰 때〉의 "침묵보다 더 깊으리"란 진언眞言이 분명하구나! 이제 목영은 생고生苦의 정견正見을 목탁 쳐서 온 사람의 심중을 울리게 할 터이다. 여기 〈수련 눈뜰 때〉의 "침묵보다 더 깊으리"란 귀에는 들리지 않는 심금心琴의 울림이다. 귀는 침묵을 못 듣지만 마음은 듣는다. 그래서 잘 만들어진 시는 마음을 가야금줄로 돌려놓아 침묵으로 말한다.

 목영의 시심은 사람들의 심중을 심금으로 돌려놓음에 걸림이 없다. 평생 이러했는지라 이제 "탁발승"이 되어 생고生苦의 정견正見을 세속의 진벌에 진언하고자 시집(바람의 기억)을 마련했구나! 분명 노시인인 목영의 시는 우리에게 생고生苦의 정견正見을 겸허히 다음처럼 자문해 보라 하리라. : 〈생고生苦의 정견正見이라! 삶의 괴로움에 관해 아시는가? 그 괴로움의 발생에 관해 아시는가? 괴로움의 소멸에 관해 아시는가? 괴로움의 소멸에 이르는 길을 아시는가? 누구나 겪는 생고生苦의 올바른 이해를(正見) 사무칠 줄 아시는가?〉

경남대표시인선 · 38

바람의 기억
이광석 시집

1쇄 찍은날   2020년 5월 8일

지은이   이 광 석
펴낸이   오 하 룡

펴낸곳   도서출판 경남
주 소   창원시 마산합포구 몽고정길 2-1
연락처   (055)245-8818/223-4343(f)
이메일   gnbook@empas.com
출판등록   제1985-100001호(1985. 5. 6.)
편집팀   오태민 심경애 구도희

ⓒ이광석

＊잘못된 책은 바꿔 드립니다.
＊저자와 협의 인지 생략합니다.
＊이 도서의 국립중앙도서관 출판예정도서목록(CIP)은 서지정보유통지원시스템 홈페이지 (http://seoji.nl.go.kr)와 국가자료종합목록 구축시스템(http://kolis-net.nl.go.kr)에서 이용하실 수 있습니다. (CIP제어번호 : CIP2020014599)
＊이 책은 경남문화예술진흥원의 문화예술지원을 받아 발간되었습니다.

ISBN   979-11-89731-47-2-03810

〔값 12,000원〕